4F243284

DE LA

CANDIDATURE

DU

PRINCE DE JOINVILLE

A LA PRÉSIDENCE DE LA RÉPUBLIQUE.

Paris. — COSSON, imprimeur, 43, rue du Four-St-G.

DE LA
CANDIDATURE

DU

Prince de Joinville

A LA

PRÉSIDENCE DE LA RÉPUBLIQUE,

Par M. Pr. DELARBRE,

ANCIEN REPRÉSENTANT DE LA HAUTE-MARNE A L'ASSEMBLÉE
CONSTITUANTE.

PARIS,

GARNIER FRÈRES, LIBRAIRES,

215, PALAIS-NATIONAL.

Août 1851.

I.

Un législateur d'Athènes voulait qu'au milieu des discordes civiles, personne ne se tînt dans la neutralité, mais que chacun prît un parti; c'était le moyen d'en finir plus vite. Nous sommes dans le cas prévu par Solon; c'est ce qui nous donne à tous le droit et peut-être nous impose le devoir de jeter, si faible qu'il soit, le poids de notre opinion dans la balance où se pèsent les destinées du pays.

D'ailleurs, chaque citoyen est appelé de temps en temps à émettre des votes qui ne sont pas sans influence sur le présent et l'avenir de la nation. S'il peut les émettre, il doit les comprendre; s'il les comprend, il peut les expliquer et en rendre compte dans une certaine mesure et sauf le respect dû aux lois. Il est impossible que la parole n'ait pas autant de liberté que l'action, et ce qu'on peut faire pour ou contre ses concitoyens, on doit avoir le droit de le dire.

J'ai cru que ces principes m'autorisaient à publier les lignes qu'on va lire; s'ils ne sont ma justification complète, ils seront du moins mon excuse. Au surplus, j'ai foi en ce que je viens dire, et, si je ne me fais illusion, je le dis, uniquement mû par un sentiment patriotique: je suis de mon pays, et n'appartiens à aucun parti. J'ai pu ne rien demander aux divers gouvernements qui ont passé sur la France depuis un demi-siècle; je ne m'en fais pas un mérite, mais c'est peut-être une garantie d'indépendance. Voué aux travaux de l'industrie, j'ai dû être porté à ne voir dans un gouvernement qu'une institution nécessaire au progrès et à la prospérité générale. Je n'ai jamais eu ni sympathie ni répulsion personnelle pour les hommes placés à la tête des affaires publiques; avant 1848 je ne les avais même jamais approchés. Dans les considérations suivantes sur notre situation politique, l'intérêt de mon pays sera donc seul à m'inspirer, et, si je me trompe, je me tromperai de bonne foi.

Je pense, avant tout, que les grands et immortels principes de 1789 verront plutôt périr la France que la France les abandonner. Je pense qu'à l'exemple de notre pays, toute nation qui veut entrer et marcher dans la voie de progrès tracée par Dieu à l'humanité, doit les prendre pour guide, et que les gouvernements qui n'y conformeront pas leur conduite, en leur faisant une large part, ne tarderont pas à être battus en brèche et bientôt renversés.

Pour ne parler ici que de nous, le progrès, comprimé pendant des siècles, repoussé ou accepté sans franchise de 1788 à 1792, provoqua cette situation violente d'où sont sortis, au milieu d'une explosion formidable, les hideux excès de la terreur. A trente ou quarante ans de distance, les efforts d'abord rétrogrades de la Restauration, puis une tentative de retour en arrière formulée dans les ordonnances de juillet, amenèrent la révolution de 1830. Enfin une marche peut-être trop lente ou hésitante suffit pour rendre possible le bouleversement de 1848.

La Providence, qui a poussé le monde dans l'espace, lui a imprimé un invincible mouvement; mais le mouvement qui vient de Dieu n'est pas le désordre. Des lois divines et immuables le dirigent et le modèrent; de là le magnifique ensemble de l'univers.

Des lois analogues, également immuables et divines, se retrouvent dans l'ordre social et politique. Elles enferment les sociétés et les gouvernements dans un cercle infranchissable où ils, sont ramenés violemment, lorsque, dans la folie de leurs volontés, ils cherchent à en sortir.

Les lois dont nous venons de parler s'imposent à tout et partout, dans le monde moral comme dans le monde physique. Mais si l'ordre est de droit divin, malheur au gouvernement de désordre! Si le mouvement est une loi de Dieu, malheur à la société qui s'arrête! Si l'inégalité se montre dans toutes les créations de la nature, folie, malheur à qui rêve un même niveau pour toutes les positions sociales! Si dans ce sage et puissant mouvement des choses, et dans les institutions de Dieu, le progrès est lent, il l'est bien davantage encore dans les choses et les institutions de l'homme.

S'il faut, ici comme là, passer du germe à la fleur et de la fleur au fruit, malheur à qui provoque violemment une maturité forcée, au lieu d'aider à un développement régulier! Ses efforts le trahiront : il n'améliore pas, il détruit, il ne recueillera que des fruits de mort. Ainsi donc, marcher en avant, toujours, mais lentement, avec ordre, telles sont les conditions de succès nécessaires à tout ce qui constitue le gouvernement comme la société. On obéit alors aux lois éternelles; on fait comme le monde ou plutôt comme celui qui l'a créé ; on fait bien.

II.

Trois sortes de gouvernements se partagent aujourd'hui le monde civilisé : la monarchie absolue, la monarchie constitutionnelle, la république. Nous voyons ces trois formes de gouvernement se dessiner nettement en Russie, en Angleterre et en Amérique, et, malgré des différences profondes et essentielles, porter ces trois pays à un haut degré de puissance et de prospérité.

En Russie, le gouvernement est despotique. Le souverain, le czar, l'empereur, s'appelle aussi autocrate : cela indique la plénitude de sa souveraineté. A côté de lui se trouve une aristocratic jouissant d'immenses propriétés, dans lesquelles tout paysan est à l'état de serf s'il n'a été affranchi par son seigneur. Nulle institution n'allant au devant des excès du pouvoir souverain et ne suffisant par elle-même à le diriger et à le contenir, l'opinion seule de cette aristocratie pèse d'un certain poids dans la balance du gouvernement. La braver n'est pas toujours sans dangers : le sort de Pierre III et de Paul Ier en témoigne hautement. Quant au peuple, il est traité à peu près comme un vil bétail. Cela durera tant qu'il n'y aura dans le troupeau que des besoins matériels à satisfaire et qu'on y suffira.

En Angleterre, nous voyons un roi, une aristocratie, un peuple instruit et intelligent concourir avec harmonie au gouvernement de l'État. L'aristocratie a sa chambre des lords, le peuple son parlement. La pensée populaire arrive aux affaires de l'État par la chambre des communes ; elle peut s'y produire avec toute son ardeur ; mais, si elle est dangereuse dans le présent ou pour l'avenir, le roi est là qui la modère, la modifie, la repousse même ; car le roi a près de lui la chambre des lords, où se montre une aristocratie puissante par ses richesses, son instruction, puissante surtout par la confiance qu'inspirent la vivacité et la sincérité de son patriotisme. Le roi n'est donc pas isolé quand il lui faut résister aux entraînements populaires. S'il y a lutte, il y a force aussi, et l'on se respecte là où la force se partage.

Aux États-Unis d'Amérique, plus de royauté, plus d'aristocratie. C'est un peuple nouveau, je dirais presque un peuple d'affranchis, qui commerce et cultive. Vexées, opprimées par l'Angleterre, la mère-patrie, ces populations, divisées en provinces, se réunirent dans une pensée commune d'indépendance. Chacune d'elles fournit sa part des sacrifices à faire à la cause de la liberté, et au jour du succès on forma un gouvernement général pour toutes, en même temps que l'on conservait à chaque province ou État ses institutions civiles et municipales. Ainsi, aujourd'hui, chaque État est libre d'agir comme il lui convient quand son intérêt seul est engagé, et il ne relève du gouvernement général que dans les questions qui intéressent l'ensemble de la confédération. Ce gouvernement se compose d'un président élu tous les quatre ans, d'un sénat et d'une chambre de représentants. Dans le principe, le sénat n'existait pas, mais on comprit bientôt tous les dangers résultant d'une assemblée unique et souveraine.

Les institutions qui régissent chaque État sont tellement distinctes, tellement propres à chacun d'eux, que les unes admettent l'esclavage, et que les autres le proscrivent. Dans ce pays de liberté on comptait en 1841, sur 17 millions d'habitants, 2,369,000 esclaves. On comprend qu'avec des institutions aussi peu solidaires entre elles, aussi complètement en dehors de l'action du gouvernement central, le rapide changement des hommes qui dirigent la politique générale n'apporte pas dans chaque État une perturbation profonde. Cependant cette perturbation est telle encore que l'on sent depuis longtemps le besoin de donner plus de durée au pouvoir qui dirige les intérêts généraux.

Les trois gouvernements dont nous venons de parler se maintiennent et prospèrent. En Russie, un chef intelligent, aidé par une aristocratie qu'il sait se concilier, impose sa volonté à 50 millions d'hommes, qui l'acceptent avec reconnaissance comme un aveugle accepte son guide. En Angleterre et en Amérique, au contraire, où les yeux sont ouverts, il est possible et il est permis de voir. Sur les bords de la Néva, le progrès ne se montre encore qu'au sommet de l'édifice social; dans la Grande-Bretagne et dans le Nouveau-Monde il est partout, mais des institutions appropriées au génie et aux besoins de chaque nation en règlent et dirigent l'esprit.

En France, depuis 1789, nous avons vu la république, le despotisme de l'empire, le gouvernement constitutionnel; ces trois formes de gouvernement ont fini par disparaître; et ce que nous avons aujourd'hui, état incertain, précaire, conséquence d'une surprise, laisse le doute et la crainte au fond des esprits. Pourquoi ce qui réussit en Amérique, en Angleterre, en Russie, n'a-t-il pu se maintenir dans notre pays ? Pourquoi ces brusques et nombreux changements ?

C'est ce que nous voudrions examiner par un rapide coup d'œil jeté sur les gouvernements de la France depuis soixante ans. L'avenir ne présente de sécurité qu'en se construisant surtout des matériaux du passé ; et de ce qui a été fait, nous voudrions aussi conclure ce qu'il fallait faire et ce qu'il faut faire aujourd'hui. L'expérience est un livre que le bon sens ne doit cesser de consulter. Assez d'aventures, d'illusions, de coups de dés, de courses dans le domaine de l'inconnu; assez de soulèvements révolutionnaires du glorieux pavé de Paris.

III.

Qu'existait-il en France avant 1789? Un roi jouissant d'un pouvoir mal défini, mais absolu dans la pratique; une cour, des nobles, vivant près ou loin de lui, sans attributions bien déterminées, ni bien pratiques, du moins en ce qui touchait au bien général du pays; au-dessous, un peuple trop souvent et trop généralement tenu en dehors de la chose publique, fréquemment lésé et presque toujours mal défendu dans ses intérêts, froissé dans son amour-propre par la noblesse, travaillant et acquittant l'impôt; entre le peuple et la cour, un parlement distribuant la justice et enregistrant les volontés royales. Dans un État ainsi constitué, les désordres, sous Louis XV, avaient dû être sans bornes, et des réformes profondes, radicales, devenaient d'une nécessité absolue.

Louis XVI arriva. Il voulait le bien; mais en face de difficultés tous les jours plus grandes, il n'apportait qu'un caractère faible et irrésolu. Sa volonté était sans énergie; sa résistance, de celles qui excitent et n'arrêtent pas. Aux prises d'abord avec l'Assemblée constituante, honnête en général et très éclairée, assemblée qui fut, comme on l'a dit, une date de l'esprit humain, il pouvait en offrant, au début, un concours ferme et loyal, parvenir à rompre ou tout au moins à diriger le cours du torrent qui montait sans cesse et menaçait de tout envahir. Mais le roi, dans ses timides irrésolutions, la noblesse, dans ses fières et aveugles prétentions, ne surent d'abord, ni ne voulurent faire la part aux circonstances : à vaincre les difficultés que le temps leur apportait, leur force et leur volonté furent trouvées inégales. Les malentendus se multiplièrent et, comme il arrive en pareil cas, tous les pouvoirs s'y affaiblirent. Après avoir vaincu l'autorité royale, l'Assemblée s'anéantit elle-même. Des concessions tardives, et d'ailleurs forcées plutôt que volontaires, ne pouvaient rien arrêter. Il est probable que Louis XVI, le 21 janvier 1793, monta sur l'échafaud pour n'avoir pas assez cru en 1789 qu'une couronne royale avait à s'incliner devant les besoins et la volonté d'une nation.

IV.

Le 22 septembre 1792, la royauté fut abolie et la république proclamée. Ce furent plus que jamais alors les excès, les violences, les entraînements désordonnés d'une force immense longtemps comprimée. Cette force fut de l'héroïsme le plus pur à la frontière, et de la barbarie sauvage à Paris, à Lyon, à Nantes et sur une foule d'autres points.

Le 9 thermidor fit justice de ces monstres à face humaine qui déshonoraient un mouvement élevé dans ses tendances originelles et plein de grandeur et de noblesse dans son but. On songea alors à établir sur des bases possibles un gouvernement républicain, car de 92 au 9 thermidor on n'avait pu appeler du nom de gouvernement la sanglante dictature du comité de salut public.

Le 5 fructidor an III (22 août 1795), une nouvelle constitution établit un corps législatif composé d'un conseil, dit des Cinq-Cents, chargé de proposer la loi, et d'un conseil, dit des Anciens, chargé d'approuver ou de repousser les résolutions de l'autre conseil. Le pouvoir exécutif fut remis aux mains d'un directoire composé de cinq membres. Les deux conseils se renouvelaient par tiers tous les ans et le directoire par cinquième tous les ans également. Ces pouvoirs étaient nommés de la manière suivante : tous les citoyens âgés de 21 ans se réunissaient de droit chaque année à la même époque en assemblée primaire, et nommaient des assemblées électorales. Ces assemblées électorales, vingt jours après, nommaient les deux conseils.

C'était un reflet de la constitution américaine, avec moins de stabilité et tous les inconvénients, tous les dangers d'un pouvoir exécutif qui se partage; c'était enfin la république dans un pays qui avait vécu pendant quatorze siècles sous la monarchie, qui n'avait par conséquent ni les mœurs, ni les habitudes républicaines. D'ailleurs, on donnait à ce pays des droits dont il ne pouvait faire un usage raisonné, et puis en son sein bouillonnaient encore tous les ferments de discorde et de violence des cinq années qui venaient de s'écouler. A ces complications s'ajoutaient d'autres difficultés immenses ; car la terreur avait légué le chaos : plus de finances, d'administration, de liens sociaux ; le trouble, le désordre partout, et la guerre aux frontières !...

Cependant il y avait alors tant d'intelligence, de vigueur, de patriotisme dans la nation française, que, sans finances, sans ordre dans les administrations, sans unité dans le gouvernement, au milieu du plus affreux gaspillage qui puisse dévorer les ressources d'un État, la Vendée fut pacifiée, la Belgique réunie à la France, l'Autriche vaincue dans les immortelles campagnes d'Italie, l'Égypte conquise, la Russie battue à Zurich ! C'étaient de grandes et magnifiques choses, mais dues uniquement à l'élan du caractère national, et ne s'appuyant pas au sein du pays sur un gouvernement stable, sage, prévoyant, sur l'ordre enfin, qui éternise les ressources et rend ainsi le succès durable.

En 1799, la France découragée, épuisée, chancelante, comprit qu'il lui fallait plus de stabilité dans ses institutions, plus d'autorité dans son gouvernement, et qu'on l'avait faite à l'image de ces êtres précoces en qui les forces et les passions se développent avant la raison qui doit les vaincre, les discipliner et les régir. Après dix années d'évènements inouïs, on sentait le besoin de ce repos qui fait la prospérité intérieure des peuples; on avait besoin de confiance dans l'avenir; on voulait croire à un lendemain. Une volonté puissante devenait nécessaire au développement de toutes les grandeurs que les premières années du siècle réservaient à la nation française, et la Providence allait animer de cette volonté l'homme prodigieux qui accourait des limites de l'Orient.

V.

Deux jours après le 18 brumaire, à la suite de
la première réunion des trois consuls au Luxem-
bourg, Sieyès, cet esprit supérieur, disait à
MM. de Talleyrand et Rœderer: « Nous avons un
maître qui sait tout faire, qui peut tout faire et
qui veut tout faire. » Ce maître, c'était le général
Bonaparte, à 30 ans vainqueur d'Italie, conqué-
rant de l'Égypte, premier consul de la République française et bientôt empereur des Français !
Pendant sept ans cet homme eut toujours raison ; pendant douze ans cet homme donna à son
pays, si profondément troublé, l'ordre, la sécurité, le progrès, une gloire impérissable, une

grandeur inouïe ! A tout il imposa l'empreinte de son génie, et la France, dans son ivresse, la France éblouie lui livra tout, sa liberté comme ses enfants. La patrie était en lui, et jusqu'à son dernier jour il l'eût personnifiée, si le génie n'était une force comme une autre, qui s'égare et s'abuse quand rien ne vient la modérer. Une ambition sans bornes, une confiance extrême dans la fortune, dans l'immensité des ressources de son génie, le perdirent et la France avec lui.

VI.

Il fallut le poids de l'Europe entière et l'épuisement de 22 années de combats pour nous écraser et rendre possible le retour des frères de Louis XVI. Conséquence du profond abaissement du pays! il n'y avait pas de gloire à prendre dans ce retour des Bourbons reniant, au contraire, toutes les gloires acquises au prix de tant de sacrifices. Par quelques libertés ils cherchèrent à faire diversion à nos regrets et à nos douleurs : la Charte fut octroyée. C'était à leurs yeux une concession de leur bon plaisir, et non une transaction nécessaire entre les souvenirs du passé et les intérêts d'une immense révolution. Les

Bourbons rentrant en France rentraient dans leur propriété! Cette funeste et folle pensée portait en germe les évènements de 1830.

La charte donnait à la France la constitution anglaise : un roi, une chambre des pairs héréditaire, une chambre des députés. Il y avait là, comme en Angleterre, les éléments d'un gouvernement d'avenir, car il était compatible avec toutes les libertés et toutes les améliorations sociales. Mais aux plans les mieux conçus il faut une exécution sérieuse et de la bonne foi. L'une et l'autre manquèrent. D'ailleurs, cet esprit d'aveuglement, qui persuadait aux Bourbons que la France était leur patrimoine, ne permettait pas d'apercevoir la différence profonde qui existait entre la nation française et la Grande-Bretagne, depuis la révolution de 89. Cette différence était telle, cependant, que les deux royautés se trouvaient, vis-à-vis des autres pouvoirs, dans les conditions les plus différentes. Ainsi la chambre des lords donne à la royauté anglaise un puissant appui, parce qu'elle représente, comme nous l'avons dit, une force réelle. En France, la charte avait bien établi une chambre haute, mais d'aristocratie puissante pour la composer il n'en existait plus. La noblesse n'avait à apporter au roi que des souvenirs et son dévouement. Les grandes fortunes pour la plupart avaient disparu dans l'émigration ; les hommes influents, les hommes écoutés du pays, étaient à la chambre des députés, et se nommaient Foy, Benjamin Constant, Dupin, Casimir Périer, Lafayette ; enfin ce patriotisme qui élève si haut l'aristocratie anglaise, on doutait qu'il existât dans le cœur de la noblesse française, depuis qu'elle s'était exilée, uniquement fidèle à son attachement pour la personne royale. Fortune, talents, patriotisme, ce brillant patrimoine de l'aristocratie anglaise, les émigrés rentrant en France ne l'avaient pas retrouvé. La chambre des pairs n'était donc qu'un appui insignifiant pour la royauté, et il en résultait nécessairement que le roi n'était que le chef de l'État, donnant, il est vrai, le mot d'ordre à tous, mais avant tout à la condition de le recevoir de la majorité de la nation. C'était donc l'élément républicain qui se produisait ; mais le faire accepter par les hommes du droit divin, par les hommes qui rêvaient je ne sais quel retour du passé, était impossible. La restauration, au milieu de son cortége d'émigrés et de prêtres trop mêlés à la politique, c'est-à-dire de ce qui était alors le plus antipathique à la France, marcha donc en foulant dédaigneusement aux pieds le sentiment national. La marche fut longtemps facile: le pays, dans sa modération et sa lassitude, savait gré des moindres concessions. Le ministère Martignac, succédant au ministère Villèle, remplit les cœurs de joie et d'espérance : on croyait enfin que le gouvernement constitutionnel était franchement accepté. Mais une année s'écoulait à peine, que le ministère Polignac ravivait toutes les craintes, que les ordonnances du 28 juillet 1830 les réalisaient toutes ; décidément on retournait à un passé odieux. La France, qui avait parlé dans les élections, dans la presse, par toutes les voix pouvant arriver jusqu'au trône, la France indignée se leva tout entière, et l'on put voir alors, mais trop tard, où la royauté avait à prendre son point d'appui.

VII.

Le chef de la branche cadette des Bourbons, Louis-Philippe d'Orléans, ayant été appelé au trône, le principe de la légitimité disparaissait. Le nouveau roi n'avait derrière lui que la nation, et dès-lors les vœux et la volonté du pays devenaient sa loi suprême. Si Charles X avait eu à compter sérieusement avec l'opinion publique, Louis-Philippe bien plus encore avait à l'interroger et à s'y soumettre. Le faible appui prêté par l'ancienne noblesse à Charles X, manquait complètement au roi des Français. Plus d'illusions possibles après 1830, c'était la monarchie entée sur la république, un homme appelé roi devant 34 millions de citoyens. La préoccupation constante de Louis-Philippe devait donc être de s'éclairer sur l'état de l'opinion, et par conséquent d'amener sur le terrain des élections tout ce qui pensait et possédait, c'est-à-dire tout ce qui fait l'opinion publique.

Pendant dix ans au moins la loi qui appelait aux élections le citoyen payant 200 francs de contributions, parut donner satisfaction aux exigences de l'opinion. Mais bientôt, en présence de générations nouvelles, amenant sur la scène du monde des hommes qui ne voulaient pas être tenus en dehors des affaires de l'État, une réforme électorale devint nécessaire. Le pays entier la demanda. Louis-Philippe n'écouta pas sa voix ; il affecta de la confondre avec les clameurs violentes et amères du parti du désordre. Il confondit les amis mécontents avec les ennemis acharnés, et il ne vit dans une réforme électorale qu'une concession à de détestables passions. Mal renseigné, il fut injuste, et il arriva qu'un triste jour les hommes du trouble et de la violence descendant dans la rue, eurent un cri commun avec les honnêtes gens, un cri qui trouva de l'écho : celui de vive la réforme ! Le gouvernenement de Louis-Philippe s'effraya ! on sait le reste.

La république, c'est-à-dire le gouvernement de toutes les volontés du pays, la république qui cheminait lentement mais sans cesse sous la forme monarchique, se produisit alors brusquement aux yeux étonnés de ceux mêmes qui la demandaient. La situation fut pleine de périls! mais si, lors de la première république, la nation se sauva par une prodigieuse énergie, en 1848 elle se réfugia dans son bon sens, montrant cependant au jour voulu toute la vigueur du temps passé. L'ordre se rétablit à la surface; une constitution fut faite; un président nommé; et aujourd'hui la situation est tout ce qu'elle peut être dans un pays comme le nôtre, livré à la mobilité des institutions républicaines, c'est-à-dire calme dans le présent par une pression constante mais impossible à maintenir, incertaine, inquiétante dans l'avenir.

VIII.

De ces quelques mots sur les soixante dernières années de notre époque, il résulte que les excès de 93 et les désordres du gouvernement de l'an III, conséquences d'institutions qui ne convenaient ni aux habitudes, ni au tempérament de la France, rendirent possible, presque nécessaire le despotisme de Napoléon ; que Charles X succomba pour n'avoir pas assez compté avec la force de l'opinion ; et que Louis-Philippe, tout en reconnaissant le principe de la souveraineté nationale, dut aussi finir dans l'exil pour n'y avoir pas assez sacrifié.

Quelles conséquences tirerons nous, au profit

de l'avenir, de ces grands traits de l'histoire de notre temps? En 1852, si le pays confie sa destinée à une nouvelle assemblée constituante, reviendra-t-il au gouvernement constitutionnel? ou sera-t-il maintenu en république? Serons-nous Anglais ou Américains, ou, grâce aux doctrines socialistes, serons-nous réduits à envier le régime du knout des bords de la Néva?

Examinons et disons d'abord, comme conséquence rigoureuse, que la souveraineté nationale est aujourd'hui en France la seule base, le seul point d'appui possible de tout gouvernement. Nous insistons sur cette vérité, parce qu'après la tourmente de 1848 et en présence des folles et coupables théories qui se produisent, des têtes se troublent, s'égarent, et, dans le sentiment de crainte qui les domine, sont disposées à faire bon marché de nos libertés les plus précieuses. Cette pente, une des plus dangereuses où le pays puisse s'abandonner, nous conduirait bientôt et infailliblement au plus profond abîme.

Maintenant, la forme d'après laquelle nous devons être gouvernés, en d'autres termes, les règles qu'il faut imposer à l'exercice de la souveraineté nationale, sont à discuter en présence de l'éventualité d'une assemblée constituante, et cette question nous voulons l'aborder en nous armant des enseignements du passé, cette science de l'avenir.

IX.

La forme républicaine a été fatale à la France de 92 à 1800, de 1848 à 1851. Nous lui avons dû embarras, désordres, ruine, proscriptions, guerres civiles, toutes les calamités enfin qui puissent affliger un pays : l'histoire nous l'apprend ; de tristes et récents souvenirs nous le disent ; les inquiétudes qui rongent le pays nous le confirment chaque jour. Cependant sous cette forme républicaine l'Amérique grandit et prospère. Pourquoi des résultats si différents? Parce que les institutions politiques, comme les végétaux transplantés, veulent, pour porter les mêmes fruits, les mêmes conditions d'existence.

En Amérique, nous l'avons dit, on trouve une agglomération d'États ayant chacun ses institutions propres sous un gouvernement des intérêts généraux qui change tous les quatre ans. Il en résulte que chaque État ne ressent que fort peu la perturbation causée par ces changements sans cesse répétés. En France, au contraire, nous voyons une agglomération d'individus tenus tous par le même fil qui vient aboutir à un seul et même point où le gouvernement le saisit. Changez les mains qui sont appelées à diriger, c'est à l'instant même atteindre tout, des sommités sociales au foyer le plus modeste. Chacun alors s'arrête, s'émeut, interroge, doute enfin ; car, au jour de l'élection du chef de l'État, les portes s'ouvrent à toutes les convoitises et à toutes les mauvaises passions. Longtemps avant le changement des gouvernants, le pays s'inquiète; longtemps après il doute encore, car il lui faut du temps, des faits, pour qu'il reprenne confiance. Dans ces deux périodes, le travail se ralentit, s'annule même ; la population qui produit souffre, et la richesse du pays diminue. C'est une calamité, c'est presque une révolution.

Non-seulement le seul fait de l'élection présidentielle porte le trouble sur tous les points, mais le choix de la personne du président sera longtemps une immense difficulté. Verra-t-on toujours de ces élections comme celle du 10 décembre, qui, par leur poids, se font place à l'instant même? Le doute est permis. Ce fut un de ces faits exceptionnels qui se produisent en dehors du raisonnement, et l'héritage du grand nom de Napoléon ne peut ni se partager ni se recueillir deux fois. Sans doute le parti de l'ordre est immense, mais les questions de personnes le divisent profondément. Aura-t-il donc grande force, grande influence, le président qui se présentera escorté par une faible majorité? Où sera le point d'appui, pour donner l'impulsion nécessaire à ce grand tout qu'on appelle la France? Pouvoir isolé en quelque sorte, pouvoir sans traditions et sans avenir, auquel le temps manquera pour se consolider, car au jour de son avènement s'inscrira la date du jour où sa succession s'ouvrira, quelle garantie offrira-t-il donc à la France, ce pays du travail, de l'intelligence et de l'industrie?

Toutes ces causes d'agitations profondes, tous ces dangers, qui viendront-ils menacer? est-ce un pays pénétré de ce saint respect des lois qui fait taire tout le monde, qui fait tout accepter quand elles ont parlé? Hélas! non, le pays n'est pas seulement léger, railleur, doutant et attaquant volontiers, mais encore depuis Février il est aux prises avec des hommes fous ou profondément pervers qui, sous le nom étrange de socialistes, veulent renverser la société. Remuez donc, à des époques déterminées, du sommet à la base, le gouvernement d'une nation qui se présente dans de telles conditions. Voyez alors tous les partis levant la tête; voyez surtout le socialisme, ce retour à l'ignorance, à la barbarie, au chaos, se recrutant de tous ces hommes que l'état de crise laissera sans ouvrage, hommes tranquilles quand le travail est là, qui occupe et fait vivre; hommes acceptant sans examen les illusions les plus fausses, parce qu'elles sont les plus attrayantes, lorsqu'on parle à leurs passions et à leurs convoitises. Ah! si vous doutez encore, écoutez dès aujourd'hui les hommes de désordre, et vous les entendrez tous ajourner la société à l'échéance de 1852.

X.

Cette rapide succession de divers hommes à la direction des affaires de l'État, condition essentielle du gouvernement républicain, offre donc les plus grands dangers dans un pays constitué comme le nôtre. A un tout homogène, il faut en effet un centre constant de gravitation, pour résister aux éléments de destruction au milieu desquels se débat tout ce qui existe. La famille française est ce tout dont nous venons de parler; et, à la suite de nos nombreuses révolutions, ce n'est pas encore dans le seul respect des institutions qu'il est sage de placer le point de gravitation; il faut non-seulement qu'il soit personnifié, mais encore que son point de départ soit en dehors de l'action des partis, c'est-à-dire qu'il s'impose naturellement.

Que voulons-nous ? Sécurité, égalité devant la loi, exercice de tous nos droits comme citoyens, soumission à la volonté de la nation, une large voie ouverte à toutes les améliorations sociales. Si nous sommes d'accord sur ces grandes données, la forme de gouvernement n'est plus dès lors pour nous qu'un moyen ; n'y attachons donc qu'une importance secondaire ; et si nous tendons au même but, demandons encore au passé quand et comment nous en avons le plus approché.

La première république a conduit la France au despotisme ; la seconde la laisse dans la crainte du lendemain et dans une incertitude qui l'écrase ; le gouvernement de la restauration donna quelques libertés et permit d'en jouir ; enfin celui de Louis-Philippe, adoptant plus franchement les grands principes de 89, et se débarrassant de ce cortége de la restauration qui blessait si profondément le sentiment national, fit jouir le pays d'une dose de liberté pratique qu'il n'avait jamais eue, et cela dans des conditions de sécurité telles qu'un large accès s'ouvrait à toutes les prospérités. Le pays marchait, et il est hors de doute qu'on eût vu dans la chambre appelée à succéder à celle de 1846, une majorité imposante arriver et obtenir les réformes si justement demandées.

S'il en est ainsi, si la mobilité des institutions républicaines nous a été fatale dans le siècle dernier ; si aujourd'hui elle fait courir les plus grands dangers, en présence des doctrines socialistes et de l'audace des mauvaises passions ; si le gouvernement constitutionnel nous a donné jusqu'ici la plus grande dose de liberté, jointe à la sécurité la plus grande et à la plus grande somme de bien-être, ne faut-il pas revenir à cette forme constitutionnelle? Agir autrement, ne serait-ce pas nier les leçons de l'expérience et le bon sens; ne serait-ce pas ressembler à l'homme de la campagne laissant inculte le champ qui donnait naguère d'abondantes récoltes, pour s'obstiner à sillonner de ses efforts un terrain ingrat?

Mais, dira-t-on, deux fois déjà ce gouvernement s'est écroulé en France ! Les rois sont incorrigibles ! Aussi ajouterons-nous : l'homme mis à la tête du gouvernement français, l'homme dans la famille duquel ces hautes fonctions devront se continuer, ne sera plus le souverain de la France, il ne peut être que le chef de l'État. Il faut dès lors à côté de lui une représentation de l'opinion publique dans ce qu'elle présente de vif et d'entreprenant, comme dans ce qu'elle a de calme et de réfléchi. Deux assemblées, dont l'une se renouvellerait entièrement à des époques rapprochées, et dont l'autre aurait une durée plus longue et ne se renouvellerait que partiellement, pour conserver l'esprit de tradition et donner ainsi plus de force au pouvoir exécutif, pourraient représenter cette opinion. En effet, il y a deux périodes dans l'humanité, celle de la jeunesse et celle de l'âge mûr. En passant de l'une à l'autre, l'homme se modifie; à l'esprit qui agit, qui invente, qui s'inquiète sans cesse, succède celui qui régularise, qui conserve, qui jouit en utilisant, et l'opinion publique est une combinaison de l'état des esprits dans ces deux phases si distinctes. Ce serait le gouvernement constitutionnel que nous avions, avec un élément républicain de plus, la seconde chambre nommée par la nation, et le tout appuyé sur un large système électoral qui appellerait aux élections tout ce qui sait, tout ce qui possède, enfin tout ce qui, pouvant apprécier par soi-même, n'est pas un instrument aveugle dans la main des partis. Nous arriverions ainsi à prendre le milieu entre le gouvernement anglais et celui des États-Unis. Ne sommes-nous pas en effet dans ce milieu, avec nos traditions monarchiques et nos tendances républicaines? La chambre des lords chez nous aurait-elle une signification, quand nous n'avons plus d'aristocratie pour la peupler? Et la mobilité des institutions américaines, en présence du socialisme, ne tiendra-t-elle pas le pays dans un état constant d'irritation et d'inquiétude qui l'épuisera bientôt? Sous la république, en 1848, il faut 100,000 hommes pour garder Paris. Le premier consul savait y maintenir l'ordre et la tranquillité avec trois régiments.

XI.

Quel sera le chef de cet État sur lequel l'ombre d'une monarchie devra s'étendre pour atténuer la vivacité des couleurs républicaines? M. de Chambord? M. Louis Bonaparte? ou le fils du duc d'Orléans? Nous n'avons pas à aller au-delà, car dans ce pays, où les instincts et les idées démocratiques se produisent avec tant de vivacité, on n'en subit pas moins encore l'influence du nom, on s'incline volontiers devant l'illustration de la famille. Le 10 décembre l'a bien prouvé, en donnant au souvenir d'un grand nom la préférence sur de grands services rendus à l'État.

M. de Chambord a passé sa vie en Autriche et en Italie. Il est le chef de l'ancienne noblesse, aux yeux de laquelle la révolution de 89 apparaît encore comme une simple émeute, dont Louis XVI, avec plus d'énergie et de baïonnettes, eût eu facilement raison; de cette noblesse qui craint encore de se mésallier, qui voit dans la France un patrimoine, dans le reste des Français de petites gens, et pour laquelle enfin le talent est un moyen et non pas un titre. Pour ces nobles, M. de Chambord est le représentant de toutes ces idées, de tout ce qu'elles entraînent, et son retour en sera le triomphe. S'il est resté en contact avec la France, c'est par tous ces hommes qui, comme en 1814, n'ont rien appris, ni rien oublié. Les premières années de M. de Chambord se sont écoulées sous les yeux et la direction de son grand-père Charles X. Son éducation a été celle d'un prince, c'est-à-dire qu'il n'a pas pris sa part de cette éducation publique, école d'égalité qui l'eût assimilé à la génération dont la vie s'écoulera parallèlement à la sienne. C'est sur d'anciens souvenirs qu'il a été modelé français en Autriche et en Italie; aussi croit-il avoir comme un droit de patrimoine sur cette terre toute frémissante d'indépendance et de liberté. Quant à l'appel au peuple, il n'en veut pas, et, s'il rentre en France, il ne doit y rentrer qu'en roi. Si vous rapportez les lois d'exil, il ne profitera pas du droit que vous lui donnerez : on est encore Henri V à Venise, sur les bords du grand canal; on ne serait que citoyen français sur les rives de la Seine. Il nous faut un chef, Venise nous offre un roi de droit divin. La souveraineté nationale est notre foi politique, M. de Chambord est le représentant du principe opposé, et nous n'avons rien à abandonner des conquêtes de 89.

L'Élysée nous offre un homme élevé aussi à l'étranger, se révélant un jour à la France par la tentative de Strasbourg, la renouvelant à Boulogne, dans de plus folles et de plus coupables conditions ; un homme enfin qui, à l'une de ces époques où l'impossible s'abaisse, arrive au pouvoir, poussé par une masse énorme de suffrages exclusivement composée de protestations contre la République et d'hommages rendus au souvenir d'un immense génie. Le 20 décembre, avant de jurer la constitution, M. Louis Bonaparte pouvait être empereur des Français ; le pays avait fait son va-tout ; mais, le serment prêté, il devait se montrer l'appui le plus ferme, le plus sincère de cette constitution, dans ses actes, dans ses paroles, dans tout ce qui émanait de lui et de son entourage. Il n'a été ni l'un ni l'autre. Isolé dans le pays, sans descendants, M. Bonaparte est aujourd'hui une transition ; et, en le supposant maintenu au pouvoir par une violation de la constitution, il ne serait encore qu'un ajournement. Il est temps cependant d'affermir le sol qui tremble à chaque pas, et, si nous ne voulons pas continuer à dériver, serait-il sage de jeter l'ancre dans une mer sans fond ?

Le duc d'Orléans, ce prince dont la mort à jamais regrettable ouvrit la porte à tant de calamités, disait dans son testament : — « C'est une grande et difficile tâche que celle de préparer le comte de Paris à la destinée qui l'attend, car personne ne peut savoir dès à présent ce que sera cet enfant lorsqu'il s'agira de reconstruire sur de nouvelles bases une société qui ne repose aujourd'hui que sur les débris mutilés et mal assortis de ses organisations précédentes. Mais que le comte de Paris soit un de ces instruments brisés avant qu'ils n'aient servi, ou qu'il devienne l'un des ouvriers de cette régénération sociale qu'on n'entrevoit encore qu'à travers de grands obstacles, et peut-être des flots de sang ; qu'il soit roi ou qu'il demeure défenseur inconnu et obscur d'une cause à laquelle nous appartenons tous, il faut qu'il soit avant tout un homme de son temps et de la nation, qu'il soit catholique et serviteur passionné, exclusif, de la France et de la révolution. . . . .
. . . .

« Je demande formellement que mon fils soit soumis à cette épreuve de l'instruction publique qui peut seule, dans un siècle où il n'y a pas d'autre hiérarchie possible que celle de l'intelligence et de l'énergie, assurer en lui le développement de ces deux facultés. Je désire même, sans vouloir faire entrer mon fils à l'École polytechnique, qu'il subisse l'examen public d'admission à cette école. . . . .

. . . .

« Hélène sait que ma foi politique m'est encore plus chère que mon drapeau religieux ; mes convictions étant après mes affections ce que j'ai de plus cher au monde, je tiens à les léguer à mon fils, non pas par le sot orgueil de me croire infaillible, mais par un sentiment profond et raisonné de fidélité. . . . .

. . . .

«En lui léguant la défense d'un pays et d'un principe menacés, je dois lui léguer en même temps la foi dans leur bon droit et leur triomphe final. Que ces pensées et ce dévoûment, morts en moi sans avoir été appliqués, germent dans le cœur de mon fils ; que dans son affection pour la France il sache toujours être son complice et jamais son gardien ; qu'il ne pense à ses aïeux que pour sentir combien la grandeur de la race ajoute encore à l'étendue de ses devoirs ; qu'il n'apprenne qu'il est de la première famille du monde que pour être fier et digne de tenir un jour dans ses mains les destinées de la cause la plus belle qui depuis le christianisme ait été plaidée devant le genre humain ; qu'il soit l'apôtre de cette cause et au besoin son martyr. »

Le fils de celui qui traça ces lignes si remarquables, est confié aux soins d'une mère dont l'élévation d'esprit et de sentiments, le culte pour la mémoire de son époux, sont connus de tous. Ce testament ne deviendra-t-il pas dès lors l'Évangile de ce fils, sa parole de vérité? Les idées politiques du jeune homme ne prendront-elles pas religieusement et nécessairement cette heureuse direction? et ne deviendra-t-il pas ainsi un homme de son temps?

Autour de tant d'espérances viennent se grouper en attendant, et comme appui, des hommes, des jeunes gens pleins de sève, d'ardeur et d'instruction ; tous Français comme nous, camarades de nos enfants, élevés dans leurs idées, ayant partagé leurs jeux, leurs études, et comme eux étant allés payer leur dette à la patrie partout où le sang français a coulé, partout où l'on pouvait acquérir de la gloire.

Choisissez donc, amis du gouvernement constitutionnel, de la vraie liberté, du progrès, de la France! prononcez entre Venise, l'Élysée et les hôtes de Claremont.

XII.

En toute chose il faut vouloir ce qui est possible, et comme nous le disait un homme de beaucoup d'esprit et de grand savoir dont l'amitié nous honore : avant d'être légitimiste, bonapartiste ou orléaniste, il faut être *possibiliste*. Examinons donc le possible dans les circonstances où nous nous trouvons.

Sans doute il est facile de dire : M. Bonaparte est au pouvoir, qu'il y reste. Mais qui le dira ? L'Assemblée ? Elle ne le peut pas, elle ne le veut pas, elle ne l'oserait pas. Le pays ? Incontestablement, quand il veut il peut tout, mais à une condition cependant, s'il sort de la légalité : c'est qu'il soit tout entier à vouloir en sortir; autrement il court à la guerre civile. En effet, M. Bonaparte nommé à une simple majorité, la France se partage en deux camps. Dans l'un cette majorité qui foule aux pieds le pacte fondamental, dans l'autre une minorité ayant dans les mains l'arme la plus terrible de tous les temps : le droit ! Les socialistes auront le droit pour eux, le comprend-on bien ! Vous, bonapartistes, ou plutôt gens qui croyez courir au plus facile, qui préférez aux moyens curatifs le palliatif d'un jour, vous aurez relevé les hommes de février, du 16 avril, du 15 mai, des journées de juin! Jusqu'ici toujours en révolte ouverte contre la société, toujours en dehors des lois, vous les tirez de ce milieu qui les isole, qui les étouffe, et vous leur donnez une vie au grand jour, un cri commun avec les honnêtes gens : celui de vive la Constitution! comme ils eurent en février celui de vive la réforme! Ont-ils déjà été si faciles à vaincre, quand en 1848 ils se levaient contre la société?

Quel que soit le moyen, le biais qu'on employe, M. Louis Bonaparte ne peut être maintenu au pouvoir que par un coup d'État, tranchons le mot : une révolution. Or, une révolution, c'est un certain jour le régime du bon plaisir de tous, des bons comme des mauvais. Les dangers sont grands alors, si grands même que le despotisme est toujours la conséquence de ces commotions;

despotisme passager quand la révolution se fait au nom d'un principe, despotisme qu'une nouvelle secousse peut seule faire cesser quand le bouleversement a lieu au profit d'un individu. Le jour où la loi sera violée pour maintenir au pouvoir M. Bonaparte, M. Bonaparte se croira et sera au-dessus de la légalité. S'arrêtera-t-il devant ces quelques lambeaux de constitution épars sous ses pieds, devant cette table rase, lui à qui on aura dit en le nommant : vous valez mieux que la loi qui règle et protége? Ce serait folie que de le supposer, ce serait aveuglement que de ne pas voir alors un homme placé si haut qu'il dominera tout.

Eh bien! à pareille hauteur la tête a toujours tourné, même quand on s'est appelé Napoléon-le-Grand.

Après tant de périls qu'aura-t-on fait cependant? du provisoire et rien de plus, car M. Bonaparte, dans son isolement, nous le disons encore, n'est qu'un ajournement, ce n'est point une fin; et dans le provisoire une nation végète, s'apauvrit, parce qu'il faut, pour produire, pour créer la chose nouvelle, il faut, pour la vie d'un peuple, un avenir en perspective; et cet avenir où sera-t-il ?

Si le possible n'est que là, pauvre pays tu seras longtemps à plaindre !

Les légitimistes, nombreux dans l'Assemblée législative, mais qui ne le sont que là, font des tentatives pour arriver à une fusion de la branche cadette et de la branche aînée des Bourbons. Il leur semble que, du jour où l'on se sera tendu la main de l'Adriatique à la Tamise, tout obstacle doit disparaître. A leurs yeux c'est simplement une de ces difficultés de la vie commune, qu'une transaction peut terminer et dans laquelle la France, l'enjeu de cette singulière partie, n'a point à mêler sa voix. On s'imagine que le peuple de 1830 voyait dans le drapeau tricolore le drapeau de Louis-Philippe. On croit que dans ces mémorables journées il ne s'agissait que de changer de maître et de bannière, et qu'aujourd'hui un mot du chef suffit pour faire passer le peuple à l'ennemi?

Après la fusion, M. de Chambord sera-t-il plus Français de notre époque, plus libéral que son éducation, ses préjugés, la foi de ses pères, ne l'ont fait, plus affranchi des influences à talons rouges et des vieilles rancunes des blasons effacés? La question est là, et depuis longtemps résolue.

Hommes de 1830, serions-nous donc tombés si bas, que le possible ne fût que dans l'amende honorable à faire pieds nus et corde au cou? Que faire donc? Être honnête, tenir pour quelque chose ce qui a été fait, ce qui a été convenu, c'est-à-dire rester dans le droit et dans les principes. Dans le droit, en observant religieusement la Constitution; dans les principes, en ne rompant jamais sur le terrain conquis en 89.

La légalité, qu'on ne l'oublie pas, est pour un peuple ce que sont à la vie d'un homme les opinions du juste et de l'honnête, ce que sont à la locomotive qui s'avance les rails qui la saisissent et la dirigent. Le 18 brumaire ne fut pas un déraillement de la machine gouvernementale, car de rails il n'en existait plus sur ce terrain labouré par dix ans de discordes et de violences. D'ailleurs, la main qui s'étendit alors était assez puissante pour tracer à l'instant même une voie nouvelle, et le pays le savait. En 1830, la France combattit, la Charte à la main, et le calme se rétablit bientôt. La révolution de 1848 fut la violation de la légalité, et les années s'écoulent dans le doute et l'anxiété. Nous l'avons dit et nous le répétons : si l'ordre est dans la nature, malheur au désordre, et le désordre c'est l'action en dehors des règles et des lois.

En 1852, nous aurons, ou nous n'aurons pas, une assemblée constituante. Si la chambre actuelle nous la donne, tout devra se taire et s'incliner devant cette expression de la volonté nationale. Si, au contraire, nous ne pouvons légalement changer la Constitution, restons fermes dans les conditions imposées. Qu'au mois de mai 1852 un nouveau président et une nouvelle chambre soient nommés; mais que cette fois le pays, dans des choix raisonnés, longtemps mûris, montre définitivement quelles sont ses ten-

dances, quelle est sa volonté, et qu'il prépare
ainsi lui-même la solution. Aux socialistes, Le-
dru-Rollin, Proudhon, Pierre Leroux et tant
d'autres. Aux républicains sincères, mais si peu
nombreux, l'honnête général Cavaignac. Aux
coureurs d'aventures, un vote inconstitution-
nel. Aux amis de l'ordre et de la liberté, à ceux
qui veulent dans des conditions de stabilité tout
ce que la république peut donner en améliorations sociales, à ceux qui veulent une fin sérieuse, à ceux-là, dirons-nous, le prince de
Joinville : Dieu fera le reste !

XIII.

Oui, Dieu fera le reste! car en agissant ainsi, ce n'est point s'abandonner au vent qui souffle et qui change, aux caprices et aux hasards de l'imprévoyance, c'est faire ce que le raisonnement et le bon sens indiquent, c'est-à-dire entrer dans la voie que la Providence elle-même semble nous indiquer.

Nous l'avons dit, ce n'est plus un roi qu'il faut à la France, c'est un chef qui la dirige en s'inspirant des besoins et des volontés du pays, et d'un dévouement entier à la cause de l'humanité. Le duc d'Orléans le savait, son testament en est l'incontestable preuve, et personne n'ignore la communauté d'idées, de sentiments, d'inspirations qui existait entre lui et le prince de Joinville. Le jeune homme avait compris cette raison supérieure, et le chemin à suivre, le but indiqué par cette main que la mort devait glacer bientôt, il les mesurait de l'œil et en appréciait toute la portée.

A quatorze ans, le prince de Joinville était déjà marin. En 1837, il se détourne d'une mission dont il est chargé dans la Méditerranée, pour débarquer à Bone et courir à Constantine. Il a appris que l'assaut est sur le point de se donner; il veut être un de ceux qui les premiers franchiront la brèche; mais, *malheureux déjà*, il arrive douze heures après l'occupation de la ville.

A Saint-Jean d'Ulloa, le navire qu'il commande est un des premiers au feu.

En 1840, il se rend à Sainte-Hélène pour y chercher les cendres du grand empereur. Une fois le marin en possession de ces précieuses dépouilles, les Anglais ne s'en empareront pas. Si la France ne devait pas les recevoir, ce serait l'océan qui les engloutirait avec le vaisseau qui les porte et l'équipage qui les aurait défendues. C'est là ce qu'il déclare en apprenant que la guerre est sur le point d'éclater entre son pays et l'Angleterre. Dans cette appréhension, tout sur la Belle-Poule se prépare pour le combat.

A Mogador, il s'élance du canot qui le porte,

sans armes, une badine à la main, comme autrefois Murat chargeait de sa cravache et Baskirs et Cosaques. A son avis, on perd un temps précieux dans un feu de tirailleurs : En avant, dit-il à ceux qui s'avancent trop lentement en se couvrant des accidents du terrain; c'est à visage découvert qu'un soldat combat de pareilles gens. Et il entraîne tout dans un mouvement rapide et décisif. A l'attaque de la Mosquée, il doit la vie à un officier qui s'élance au-devant de lui et reçoit la balle qui lui était destinée.

Voilà le soldat! Maintenant l'homme de cœur sera-t-il l'homme sérieux qui observe, se rend compte et conclut? et le coup d'œil ferme du champ de bataille ne perdra-t-il pas de sa justesse, appliqué aux tristes détours de la politique.

De retour en France, après de longues campagnes sur mer qui ont altéré sa santé, il observe avec chagrin la voie dans la quelle le gouvernement s'engage, et blâme bientôt le système suivi par le ministère Guizot. Énergique comme tout homme convaincu, son langage révèle toute la vivacité de ses sentiments, et son opposition devient une gêne sérieuse dont il faut se débarrasser. On l'éloigne, mais au jour du départ se faisant moins que jamais illusion sur l'abîme que l'on creuse à plaisir, il dit à son père: Vous le voulez, je pars, mais engagez votre parole qu'au jour du danger vous me rappellerez près de vous. Le 25 février 1848, c'est-à-dire avant qu'il connût les évènements accomplis en France et quand il n'avait pu les voir encore que de l'œil de l'esprit, par intuition, il écrivait de Mustapha à l'un de ses amis :

« Le courrier de France vient périodiquement
» troubler mon bonheur, en m'inspirant des
» craintes pour ceux qui me sont chers, car ce
» n'est certes pas pour moi que l'idée d'une révo-
» lution en France m'agite. »

De la plage africaine, il vit se réaliser tout ce qu'il craignait, tout ce qu'il avait prédit. Dans les mains de son frère, dans les siennes était une armée dévouée ; d'un mot il pouvait la conduire vers la France ; mais la France avait parlé, il le croyait du moins ; enfant soumis, il s'éloigna en répondant ainsi à la dépêche du gouvernement provisoire :

Alger, 3 mars 1848.

« J'ai reçu la dépêche télégraphique que vous
» m'avez adressée.
» J'aime trop mon pays pour avoir un instant
» songé à y porter la discorde.
» Du fond de l'exil, mes vœux les plus ardents
» seront toujours pour le bonheur de la France et
» le succès de son drapeau. »

L'exil, il se l'imposait dans l'intérêt de la tranquillité de son pays, et ce pays répondit à tant de résignation et de patriotisme, par une de ces lois de bannissement éternel qui sont le honteux cortége des temps de révolution. Triste époque heureusement bien loin de nous déjà, et dont les traces s'effacent chaque jour dans ce qu'elles ont de blessant pour l'honneur du pays. La loi du 26 mai 1848 n'est plus qu'une lettre morte aux yeux des gens de bien, un de ces vieux instruments de torture qu'on ne soulève qu'avec étonnement et dégoût.

Quelques fragments de la correspondance intime du prince de Joinville achèveront de faire connaître son esprit et son cœur, et tout ce que l'exil a de désespérant pour cette âme ardente et généreuse.

Claremont, 11 avril 1848.

« Si l'Assemblée nationale est opprimée et » placée sous la terreur de quelques vauriens, et » qu'un effort soit tenté pour la délivrer, *j'en se-* » *rai,* quelque chanceux que ce soit, et je saurai » me compromettre et sacrifier ma vie pour le sa- » lut du pays, si je pense que cela soit utile. »

Claremont, 14 avril 1848.

« Voilà le printemps, avec sa verdure ses » fleurs, son doux aspect. Hélas ! rien ne nous » sourit cette année... Famille, patrie rêve de » grandeur et de gloire, tout est brisé... où » allons-nous ?... que deviendrons-nous ?... Je » ne sais.....

» Si l'Assemblée n'est pas libre, il faudra la dé-
» livrer ; ce n'est plus du patriotisme que de cour-
» ber la tête en agnelet.

» En se laissant effrayer, on a laissé renverser
» la monarchie ; en continuant à se laisser ef-
» frayer, au lieu d'aider à constituer un bon
» gouvernement, on laisse aller le pays à sa
» ruine.

Claremont, 15 avril 1838.

» Quand nous avons quitté Alger, nous igno-
» rions le sort de nos parents, que toute fausse
» démarche de notre part pouvait compromettre.

» La lettre d'Arago est venue faire appel à nos
» sentiments patriotiques. Nous avons cédé, nous
» avons eu foi dans notre pays.

» Nous avions dans notre cœur des idées trop
» libérales pour nous opposer à main armée à
» l'établissement de la République.

» Vous qui connaissez mon cœur, vous savez
» avec quelle joie j'en serais devenu simple ci-
» toyen, avec quelle joie j'aurais contribué à
» faire cette France grande et forte, quand bien
» même tout ce que nous étions et tout ce que
» nous possédions aurait dû y passer.

» Inquiets sur nos parents, ne voulant pas
» par notre résistance appeler sur notre pays les
» maux de la guerre civile et les violences réac-
» tionnaires, nous sommes partis et venus ici...

» . . . .

» Je donnerais quelque chose pour pouvoir me
» débarrasser de ma qualité de prince et des
» soupçons qu'elle autorise, afin de rentrer en
» France.

» Ce que je désire le plus, c'est que mon pays
» se tire de tous ces embarras ; et qu'il nous
» donne par son courage et sa sagesse ce calme
» dont nous avons tant besoin ; qu'il se crée une
» situation dont nous n'ayons pas à rougir, et
» qu'il me rende enfin le droit de vivre en France
» heureux et tranquille, en simple citoyen. »

11 mai 1848, Claremont.

« J'espère beaucoup de l'Assemblée nationa-
» le ; ses débats sont un peu désordonnés, mais
» c'est inévitable avec une réunion aussi nom-
» breuse. L'esprit me paraît bon ; je crois qu'elle
» a vraiment l'intention de fonder une républi-
» que grande et forte : Dieu veuille qu'il en soit
» ainsi !

» Le pays a soif d'ordre.

» Pour nous personnellement, nous pensons
» toujours à rentrer en France. La république
» constituée, on ne nous refusera pas le titre et
» la qualité de citoyens français.

» Voilà le beau temps, j'en profite pour pas-
» ser ma journée dehors..... Couché sur les
» bruyères, je lis énormément pendant que nos
» femmes travaillent : elles font elles-mêmes

» leurs robes, chapeaux, etc., et je vous assure
» qu'elles pourraient gagner leur vie.

» Pour moi, une société de Londres m'a of-
» fert le commandement d'un navire destiné à
» aller dans l'Inde.

» Vous voyez que nous pouvons braver la mi-
» sère. Ma santé est toujours avariée; heu-
» reusement que ma femme et mes chers mio-
» ches vont bien.

» Puissions-nous revoir le sol natal ! »

Claremont, 20 mai 1848.

« J'aime, j'avoue, mon pays ; j'ai ruiné ma
» santé à son service; je me serais fait tuer pour
» lui, je me ferais tuer encore ; mais l'idée d'un
» bannissement pour récompense me donne le
» vertige.

» Pauvre France ! si je ne dois plus la revoir;
» s'il ne m'est pas donné de mourir à son ser-
» vice ; si je dois oublier mon passé, je veux
» m'enfoncer assez loin dans les déserts, pour
» ne plus entendre parler d'elle, pour ne plus
» avoir l'âme déchirée par son souvenir, pour
» que mes enfants puissent ne pas la connaître,
» afin de leur épargner d'éternels regrets. »

XIV.

Tel est le prince de Joinville. Son doigt intelligent a indiqué au chef de sa famille l'abîme de février; et dans l'exil il conserve religieusement au fond du cœur l'amour de son pays et le respect pour la volonté nationale. N'est-ce pas lui qui écrivait, en 1848, que si l'Assemblée était opprimée et qu'un effort fût tenté pour la délivrer, *il en serait*. Cependant cette Assemblée devait, en proclamant la république, faire à jamais de lui et des siens de simples citoyens. Mais qu'à cela ne tienne! avant tout sa France bien-aimée, le sol qui l'a vu naître. Il aime sa patrie pour elle-même; il l'aime parce qu'il lui faut l'air que nous respirons, les mains qui ont pressé les siennes, le drapeau sous lequel il a servi, tout ce pays enfin dont il avait si bien compris les intérêts, l'esprit, les tendances, avant que l'exil vînt lui imposer ses dures mais inutiles leçons.

Oui, nous le disons en terminant, appeler à nous le prince de Joinville, lui confier la première magistrature de la république, n'est point une de ces folles idées auxquelles peut s'abandonner un pays sorti des voies régulières. C'est au contraire l'acte le plus raisonné, le plus nécessaire. Cet acte serait, non pas seulement un arrêt momentané, une étape sur le chemin des révolutions, mais un dénoûment à ces ténébreuses et sanglantes tragédies où la France est depuis si longtemps engagée. Ce serait la confirmation solennelle des principes proclamés en 1789, le développement régulier des institutions nationales, une large voie ouverte au progrès, un terrain solide où la confiance pourrait s'appuyer, le travail renaître, la prospérité s'accroître. D'une haute et ferme raison, d'un courage éprouvé, l'exilé de Claremont saurait reconnaître et défendre le principe qui ferait sa force, qui fait notre gloire à tous, qui est notre commun patrimoine, la source et la garantie de nos libertés, le principe de la souveraineté nationale.